Chapter

2

特別な朝を始める

특별한 아침을 시작하다

Chapter

3

わがままになりたい日の クリーム

내 마음대로 보내고 싶은 날을 위한 크림

Chapter 4

コップが主役の
おめかしドリンク

컵이 주인공이 되는 예쁘게 꾸민 드링크

Chapter 5

できたての音をめしあがれ
ASMR

지금 막 만든 "소리"를 맛보세요 ASMR

Chapter 6

タルギが結局
チェゴなんだ

역시 딸기가 최고야

Chapter 7

眺めていたい
おいしさと……

바라만 보고 싶은 맛과 함께......

Chapter

— 1 —

おうちを
韓国カフェに
する！

「韓国っぽ」は、細部に宿る？
まずは、インテリアや小物を
集めることからはじめましょう。

우리집을
한국 카페로
변신 시키기!

우리집을 한국 카페로 변신시키기!!

01

そろえたい
韓国っぽカフェ小物

ぐっとおうちが韓国カフェ風になる小物を紹介します。

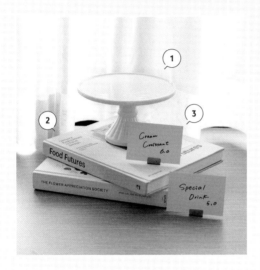

<u>1</u> **ケーキ台**
韓国カフェでよく見かけるケーキ台には、カップケーキを置いてもかわいい！

<u>2</u> **洋書**
写真を撮る際に高さが欲しいときや何か物足りないときに使える洋書。韓国語の本でもOK。

<u>3</u> **値札**
手書きの値札をつければ一気にカフェっぽく！「ごっこ」に必須なアイテムです。

<u>1</u> **ミラー**
不思議な形のミラーが韓国で大人気。あるだけで韓国っぽ空間に。

<u>2</u> **キャンドル**
韓国には個性的な形のキャンドルのショップがたくさん。最近は日本でも購入できます。

<u>3</u> **バスケットランプ**
かご編みとナチュラルなかさがポイントのランプ。やわらかい雰囲気に。

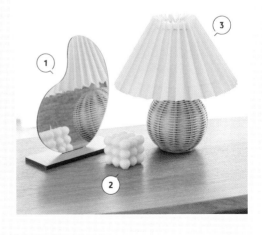

1　バスケット
ピクニック感を出したいときに
便利なアイテム。小ぶりでOK。

2　フェイクブーケ
韓国っぽ空間に欠かせないアイ
テム。普段のインテリアとしても。

3　ギンガムチェックシート
すぐにガーリーな雰囲気を出す
なら、ギンガムチェックがとにか
くおすすめです。

1　ベッドトレイ
ベッドの上に朝ごはんをのせた
り、センイルケーキをのせたり、
大活躍。

2　ライト
温かい光がかわいいひも状の
ライト。ベッドに置いたり、壁
に飾るのもよし。

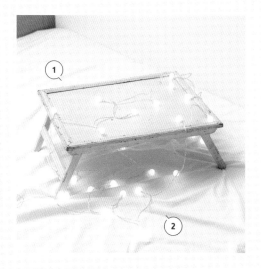

＼　韓国雑貨やインテリアを集めるなら……　／

本書のアイテムの一部は、雑貨店「Sunny Side Up」さんにご提供いただきま
した！　とってもかわいいアイテムばかりなので、ぜひ見てみてください。
HP https://sunnysideupofficial.com/

02

お皿とコップでコーディネート

スイーツ作りの前に、まずそろえたいのは食器とカトラリー。

ラウンドプレート
シンプルな形で使いやすい。ピスタチオカラーが差し色に。

花形プレート
シンプルな形のスイーツなどと組み合わせて。

パフェ風グラス
ぷりっとかわいい形。カラフルなドリンクにピッタリ。

ピッチャーグラス
ミルクを注ぐときに使えば一気におしゃれ。

**ゴールドの
カトラリー**
タテに長くシャープな形で空間に締まりを。

コースター
不規則な形のコースターは、アクセントに。

編みかご
お皿やシートとともにフードを置いて。

テイクアウト容器
おしゃれカフェから買ってきたみたいに。

竹編コースター
ナチュラルな雰囲気を出せる有能アイテム。

持ち手つき木まないた
お皿の代わりに使うと雰囲気◎

우리집을 한국 카페로 변신시키기!!

03

おうちカフェを
かわいく撮りたい

できたスイーツ、写真にきれいにおさめたい！

自然光がマスト

韓国のカフェは大きな窓があり、明るい店内のお店がとても多いです。なので、自然光が綺麗に入る窓の近くや、お部屋のカーテンを開けた状態で撮影すると韓国カフェっぽい写真が撮影できます！ 可愛い写真を撮りたいなら日が落ちる前、明るいうちにおうちカフェをするのがオススメ。あえて逆光で撮影するのもオシャレですよ。

韓国感は "余白" で出す

韓国っぽお写真を撮るなら余白のある画角を意識しましょう。接写だと料理の質感がよく分かって美味しそうな写真が撮れますが、ぐっと引きで撮影することでオシャレな1枚になります。余白があるとSNSにアップした時に他の投稿とうまく馴染んでくれます。

BEFORE ギュウギュウ……

AFTER 余白があるとオシャレ！

ナチュラル加工でもっとかわいく

START
写真全体が暗くて色味が分かりづらい状態。ナチュラルに加工してもっと可愛く、美味しそうにしていきます!

明るさを調整
スマホのデフォルトで入っている機能を使います。アプリを使用してももちろんOK。自然な明るさにします。

色味を調整
彩度や、トーンを調節。実物の色味に合わせつつ、彩度を鮮やかに、暖かいトーンにするとより美味しそうに!

完成
最後にトリミングをして完成! 歪んでいる時は角度を直しましょう。窮屈な印象にならないよう余白を意識して。

ハングルの
タグを
添えて投稿

おすすめのタグ

#홈카페 (ホームカフェ)　#카페 (カフェ)

#홈스타일링 (ホームスタイリング)　#꿀맛 (おいしい)

#티타임 (ティータイム)　#냠냠 (もぐもぐ)

우리집을 한국 카페로 변신시키기!!

04
初心者に
おすすめメニュー

まずドリンクから

すぐにでもおうちを韓国カフェにしたい
……。そんなときは、ドリンクから挑戦し
てみましょう。24ページの琥珀糖ソーダは、
とってもかんたんで、とってもかわいい、
おすすめの一品です。

トーストはハードル低め

一番かんたんで、成功もしやすいのが、
トースト。22ページのイエップントーストは
どうでしょう？　材料も手に入れやすいの
で、初心者におすすめのメニューです。
写真を撮ってもかわいい。

なれたらクリーム

なれたら、クリーム系に挑戦。106ページ
のいろどりカップケーキで、クリームをしぼ
る練習をしてみましょう。ちょっとぶかっこ
うでも、カラフルなクリームをたーっぷりし
ぼれば、かわいくなります。

おだやかな朝日がさしこむリビング。
ていねいにトーストにジャムをぬってゆ
っくりとした時間を過ごして。

특별한
아침을
시작하다

特別な朝を始める

特별한 아침을 시작하다

01

イエップントースト

🕐 **5分**

いつものトーストもジャムの塗り方でおしゃれに

#웨이브토스트

材料（各1枚分）

[ウェーブトースト：左] 食パン（6枚切り）…1枚／クリームチーズ…50g／ブルーベリージャム…20g　[イチゴトースト：右] 食パン（6枚切り）…1枚／クリームチーズ…25g／イチゴジャム…適量／白ゴマ…適量／ベビーリーフ…適量

作り方

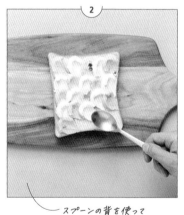

スプーンの背を使って

ベビーリーフではっぱに

［ウェーブトースト］

1　クリームチーズ50gとブルーベリージ
　　ャムをまぜたら、写真のようにパン
　　にぬる。

2　ブルーベリー入りとプレーンとを写真
　　のように交互にぬっていく。

［イチゴトースト］

1　クリームチーズを薄くぬったパンに、
　　イチゴ形にイチゴジャムをのせる。

2　ゴマとベビーリーフをかざりつける。

02
琥珀糖ソーダ

⏱ **1分**

宝石のように琥珀糖がきらめきます

#코하쿠토

材料（1杯分）

琥珀糖…好きなだけ／サイダー…150ml程度／氷…適量／レモン薄切り…お好みで

作り方

いろんな色のものをいれてみて

レモンは輪切りがかわいい

1　グラスに氷と、琥珀糖を好きなだけ入れる。

2　サイダーを注ぐ。

3　レモンの薄切りをお好みでかざる。

특별한 아침을 시작하다

03

スフレオムレツ

🕐 **15分**

ふんわりふっくらとろとろの卵をたたんで

#수플레오믈렛

材料（1人分）

卵…1個／塩…ひとつまみ／砂糖…小さじ1/4／バター…10g

作り方

ふつふつと泡が出てきて

ふっくらたたみます

1 　卵は卵白と卵黄に分ける。卵白に角が立つまでハンドミキサーで泡立て、砂糖を入れてさらに泡立てる。

2 　卵黄に塩を入れてよくまぜたら、**1**に入れて、さっくりとまぜる。

3 　フライパンを中弱火にかけ、バターを入れて溶かしたら**2**を流し入れて蓋をする。

4 　3分ほどしたら蓋をあけ、半分に折りたたむ。

특별한 아침을 시작하다

04
エッグインクラウド

🕐 **15**分

メレンゲの雲をこんがり焼いて、ほおばって

#클라우드에그

材料（1人分）

卵…1個／塩…ひとつまみ／砂糖…ひとつまみ／コショウ…少々／ベーグル…1個／
ベーコン…2枚／スライスチーズ…2枚

作り方

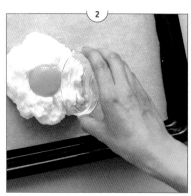

ベーグルの上にのせて盛りつけ

1　卵白を角が立つまでハンドミキサーで泡立て、塩と砂糖、コショウを入れてさらに泡立
　　てたら、クッキングシートを敷いた天板にのせて形をととのえる。

2　1にくぼみをつけて、卵黄をのせる。

3　オーブンレンジを220度で予熱しておき、2を半分に切ってチーズやベーコンをのせた
　　ベーグルと一緒に1分30秒ほど焼く。焼き上がったら盛りつける。

05

ヨーグルトデザート

🕐 **5分**

水切りヨーグルトで濃厚なデザート2種

#요거트

材料（各1人分）

［**水切りヨーグルト**］ヨーグルト…450g／上白糖…20g ［**マーブル：左**］水切りヨーグ
ルト…80g／お好みのジャムやソース…小さじ1／ミント…適量 ［**ミニパフェ：右**］水
切りヨーグルト…80g／グラノーラ…15g／イチゴジャム…30g／イチゴ…3〜4粒

作り方

ミントで彩りをプラス

イチゴの断面がかわいい

[水切りヨーグルト]

ボウルにザルを置きクッキングペーパーを敷いてヨーグルトを入れる。ラップをして冷蔵庫で半日置き、水を切ったら、上白糖をまぜる。

[マーブル：左]	[ミニパフェ：右]
1 ヨーグルトにジャムやソースを入れて、スプーンで軽くまぜ、ミントをそえる。	1 グラスに、グラノーラ、イチゴジャム、スライスしたイチゴ、水切りヨーグルトの順に入れ、最後にイチゴをのせる。

色味がもの足りない時は
ペーパーナプキンを添えて！

朝メニューはベットのシーツの上で
撮影するのもおすすめ！

出窓にカップケーキやサンドを並べて
値札もつけたらカフェ気分。
したいことだけする1日に。

내

마음대로

보내고 싶은

날을 위한 크림

Poodle
Cupcake
6.0

Special
Drink
5.0

Food Futures

Fruits
Sandwich
7.0

Cream
Croissant
6.0

わがままになりたい日のクリーム
내 마음대로 보내고 싶은 날을 위한 크림

내 마음대로 보내고 싶은 날을 위한 크림

01
クリームクロワッサン

── 🕐 **5分** ──

クリームがこぼれるくらいたっぷりはさんで

#크림크루아상

材料（1個分）

クロワッサン（大きめのもの）…1個／ホイップクリーム…好きなだけ／おこのみのフルーツ…適量／パウダーシュガー…適量

作り方

フルーツは全体の彩りを見ながら

1　クロワッサンに切りこみを入れて開く。

2　ホイップクリームをたっぷりしぼる。

3　おこのみでフルーツをトッピング。

4　パウダーシュガーをふりかける。

02

フルーツサンド

— 🕐 **15**分 —

カットして眺めるだけでも楽しい、フレッシュなサンド

#후르츠산도

材料（4種各1個分）

食パン（8枚切り）…8枚／生クリーム…400g／グラニュー糖…40g ［**ブドウ**］ブドウ
…23粒 ［**みかん**］みかん…4個 ［**イチゴ**］イチゴ…12粒 ［**ミックス**］イチゴ…3粒
／ブドウ…6粒／みかん…1~2個

作り方

断面を意識してフルーツを並べて

1　生クリームにグラニュー糖を入れて立てたら、パンにたっぷりぬる。その上に、それぞれ写真のようにフルーツをのせる。

2　1の上に生クリームをのせ、さらに上から生クリームをぬったパンをのせてサンドし、ラップで包んで1時間冷やす。

3　包丁を温めて、2のパンの耳をカットし、さらに全体を半分に切る。断面が見えるように盛りつける。

03

こいぬカップケーキ

— ⏱ **10分** —

クリームでつくる犬たちの表情がキュート!

#컵케이크

材料（3個分）

市販のカップケーキ…3個／ホイップクリーム…80ml／チョコペン（茶）…1本

作り方

スプーンの背でふわふわに

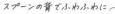

目と鼻は近めに描いて

［プードル］	［テリア］	［ビション・フリーゼ］
1 カップケーキ全体に細かくクリームをしぼる。	1 クリームを上から横に隙間なくしぼる。	1 ぐるぐると全体にしぼり、スプーンを使ってフワフワ感を出す。
2 耳は長い雫をイメージして、口は丸くしぼる。	2 耳は三角をイメージして、口は丸くしぼる。	2 丸く口をしぼる。
3 チョコペンで顔を描く。	3 チョコペンで顔を描く。	3 チョコペンで顔を描く。

04

チョコミントドリンク

— ⏱ **15**分 —

さわやかなミントミルクにクリームたっぷりの甘々ドリンク

#민트초코

材料（1杯分）

牛乳…200ml／ミントシロップ…小さじ４／チョコソース…適量／ホイップクリーム…適量／缶づめのチェリー…1粒／氷…適量

作り方

くるくるくると たっぷり巻いて

チェリーをちょこんと

1	牛乳にミントシロップを入れる。	2	1をよくかきまぜる。
3	グラスにチョコソースを回しかける。	4	3に氷を入れ、2を注ぐ。
5	クリームを好きなだけしぼる。	6	チェリーとチョコソースでトッピング。

出窓を使ってカフェ気分。
ふんわりカーテンも写して。

— 4 —

コップが主役の
おめかしドリンク

甘いラテにも、おしゃれをさせて。
たっぷりのクリーム、イチゴに
ビスケットをトッピング。

コップが主役のおめかしドリンク

컵이 주인공이 되는 예쁘게 꾸민 드링크

01

タルギウユ

タルギはイチゴ、ウユは牛乳。果肉たっぷりで楽しんで

#딸기우유

材料（1杯分）

イチゴ…5粒／砂糖…小さじ2／牛乳…200ml

作り方

イチゴは形が残るくらい

丸ごとイチゴをトッピング

1	イチゴを刻む。	**2**	1と砂糖をあわせる。
3	2を、イチゴをつぶしながらまぜる。	**4**	グラスに3を入れる。
5	4に牛乳を注ぐ。	**6**	イチゴをかざりつける。

컵이 주인공이 되는 예쁘게 꾸민 드링크

02
ロータスラテ

⏱ **15**分

シナモン風味豊かなビスケットを使った個性派ラテ

#로투스

材料（1杯分）

ロータスビスコフ…4枚／牛乳…150ml／インスタントコーヒー…50ml／クリーム…適量／氷…適量

作り方

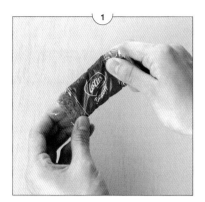

ミキサーにしっかりかけてなめらかに

クリームはやっぱりたっぷり

ロータスをそのままトッピング

1 ロータスビスコフを袋に入ったままで、2枚とも手でくだく。

2 1とインスタントコーヒーと牛乳をミキサーにかける。

3 グラスに氷を入れ、**2**を注ぐ。

4 クリームをしぼる。

5 残りのロータスビスコフを写真のようにトッピングする。

컵이 주인공이 되는 예쁘게 꾸민 드링크

03
コグマラテ

⏱ **15分**

コグマ(さつまいものこと)を使った韓国定番ラテはスイートポテトで簡単再現

#고구마라떼

材料(1杯分)

牛乳…200ml／市販のスイートポテト…1個／ホイップクリーム…適量／シナモンパウダー…適量

作り方

ミキサーのかけ具合で、ゴロゴロ感をのこしても

中が見える透明マグがおすすめ　　シナモンパウダーで香ばしく

1　スイートポテトをスプーンでくずす。	**2**　1と牛乳を一緒にミキサーにかける。
3　2を耐熱容器に入れて電子レンジで3分ほど加熱したら、マグカップに注ぐ。	**4**　クリームをすりきりにしてのせる。
5　シナモンパウダーをかける。	

牛乳パックグラスは
持っておきたいアイテム！

지금 막

만든

"소리"를

맛보세요

ASMR

―5―

できたての音を
めしあがれ
ASMR

カリカリ　サックサク
音もおいしい料理を集めて、
今日はモッパン（食べる放送）。

できたての音をめしあがれ　ASMR

지금 막 만든 "소리"를 맛보세요 ASMR

01

チーズボール

⏱ **20**分

さくっ　もちっ　とろ～り！　ころころおいしいおやつ

#치즈볼

材料（1人分）

白玉粉…75g／塩…小さじ1/2／砂糖…小さじ2／牛乳…60ml／バター…10g／さけるチーズ…1本／サラダ油…適量／グラニュー糖・塩…お好み

作り方

ぎゅっ！

こんがり全体を揚げて

1　ボウルに白玉粉、溶かしたバター、塩、砂糖を入れてまぜ、牛乳を少しずつ入れて練り、耳たぶの固さにまとめる。ラップをして30分ほど寝かせる。

2　1の生地とチーズを5等分にする。生地を丸めたら、くぼみをつけてチーズを入れる。ぎゅっと握って空気をぬき、形をととのえる。

3　サラダ油を中火で熱っして、2を揚げる。浮いてきたら、全体に色がつくように上下を返しながらきつね色になるまで揚げる。お好みでグラニュー糖や塩をかける。

지금 막 만든 "소리"를 맛보세요 ASMR

02

ラッポッキ

⏱ **15分**

ずるずるっもっちもち。甘辛な韓国屋台フード

라볶이

材料（2人分）

トッポッキ用の餅…10個／インスタントラーメン（麺）…1/2袋／水…1と1/4カップ／ソーセージ…6本／すりゴマ…小さじ1／小ネギ（小口切り）…適量／コチュジャン…大さじ1／しょうゆ…大さじ1/4／みりん…大さじ1/2／おろしニンニク…小さじ1

作り方

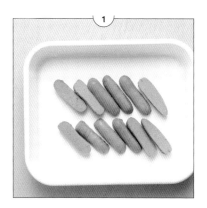

火が通ると餅がふくれてきて

小ネギは彩りに

1　トッポッキ用の餅は水でさっと洗い、ソーセージは縦半分に切る。

2　コチュジャン、しょうゆ、みりん、おろしニンニクをまぜて、水と一緒に鍋に入れて強火にする。煮たってきたら中火に落とし、インスタントラーメンを入れて1分ほど煮る。

3　1を入れて、ラーメンと餅に火が通るまでさらに3分ほど煮る。

4　器に盛りつけ、すりゴマと小ネギを散らす。

지금 막 만든 "소리"를 맛보세요 ASMR

03
サクサクチキン

🕐 **45分**

シーズニングで味変を楽しんで

> #치킨

材料（2人分）

鶏手羽元…6本／天ぷら粉…150g／塩…小さじ1と1/2／コショウ…少々／おろしニンニク…大さじ1／サラダ油…適量／牛乳…100ml／シーズニング（市販のBBQ、チョレギ、チーズなど）…お好みで

作り方

衣2度づけでサクサクに

---

1 鶏手羽元をキッチンペーパーでふく。塩小さじ1、コショウ、おろしニンニクで下味を
つける。冷蔵庫で30分ほど置いたら天ぷら粉をまぶす。

---

2 ボウルに天ぷら粉50gと牛乳、塩小さじ1/2を入れてまぜたら、**1**を入れて絡める。さ
らにもう一度天ぷら粉をまぶす。

---

3 鍋にサラダ油を入れて中火にかけ、**2**を全体がきつね色になるまで揚げる。取りだし
て5分ほど冷まして、強火にしてもう一度揚げる。お好みでシーズニングをまぶす。

04

フルーツ飴

— 🕐 **15分** —

カリッとした飴をかむと、ジューシーな果汁があふれます

#탕후루

材料（1人分）

砂糖…大さじ4／水…大さじ1／フルーツ…適量

作り方

飴は焦げやすいので注意！

1　砂糖と水をまぜる。耐熱容器や紙コップに入れて、500Wの電子レンジで加熱する。
　　1分おきに確認し、黄色くなるまでくり返す。

2　カットしたフルーツに**1**を絡ませる。

3　**2**をバットにのせ、冷蔵庫で冷やす。

シーズニングを選ぶときは
色が被らないようにすると写真映え！

立体的に盛りつけるところんとした
フォルムが際立ちかわいい！

Chapter

— 6 —

タルギが結局
チェゴなんだ

タルギはイチゴで、
チェゴは最高ってこと。
イチゴがあればかわいくておいしい!

역시
딸기가
최고야

タルギが結局チェゴなんだ

역시 딸기가 최고야

01

タルギドーナツ

⏱ **15**分

プレーンドーナツもたまにはイチゴでおめかし

#도넛

材料（1個分）

ドーナツ（市販の物）…1個／イチゴ…4粒／生クリーム…40g／砂糖…4g

作り方

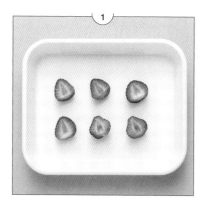

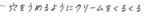
穴をうめるようにクリームをくるくる

イチゴは並べるだけでかわいい

---

1 イチゴ3粒を半分にカットする。

---

2 砂糖を入れて角が軽く倒れるくらいまで泡立てた生クリームを星口金の入ったしぼり袋に入れ、ドーナツの穴からぐるぐるとしぼる。

---

3 **1**をクリームに立てかけるように並べる。

---

4 中央にイチゴを1粒トッピングする。

02

タルギマリトッツォ

— 🕐 **15**分 —

流行りスイーツ・マリトッツォもタルギでチェゴ

#마리토쪼

材料（1個分）

丸パン（直径5㎝）…1個／生クリーム…40g／砂糖…4g／イチゴ…1粒

作り方

たっぷりクリームは、きれいにならして

イチゴをぺたり

1　イチゴを縦に3分の1にカットする。

2　丸パンを切り離さないように半分の位置に切りこみを入れる。

3　砂糖を入れて固めに立てた生クリームをたっぷりしぼり、表面をととのえる。

4　1をクリームに貼りつけるようにかざる。

역시 딸기가 최고야

03
タルギワッフル

— ⏱ **15**分 —

ちょっぴり冷やしたクリームワッフル、イチゴの酸味が◎

> #와플

材料（1人分）

ワッフル…2枚／イチゴ…3粒／生クリーム…70ml／砂糖…7g

作り方

くぼみをうめるたっぷりクリーム

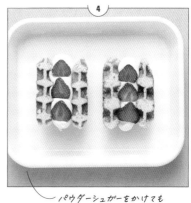

パウダーシュガーをかけても

1　生クリームに砂糖を入れて固めに立て、ワッフルのくぼみにたっぷりぬる。

2　1のワッフルの1つにイチゴを3粒並べる。

3　イチゴをのせていない方のワッフルを上からのせてサンドする。ラップで包み、冷蔵庫で1時間冷やす。

4　イチゴの断面がきれいに見えるように、3を半分にカットする。

シンプルなデザインで小さめのお皿を
選ぶとスイーツの存在感UP！

広がるクリーム、のびるチーズ。
じんわり広がる、コーヒーとミルク。
動画を撮ったら、めしあがれ。

바라만
보고 싶은
맛과 함께……

眺めていたいおいしさと……

바라만 보고 싶은 맛과 함께……

01

決壊パンケーキ

🕐 **45**分

フィルムをはずすと流れだす、たっぷりのクリーム

#팬케이크

材料（1人前）

［**パンケーキ10cm2枚分**］ホットケーキミックス…50g／卵…1/2個／牛乳…35ml／ヨーグルト…15g　［**クリーム**］生クリーム（乳脂肪35％または植物性）…100g／グラニュー糖…10g／ラズベリーピューレまたはチョコソース…小さじ1／イチゴ…4粒

作り方

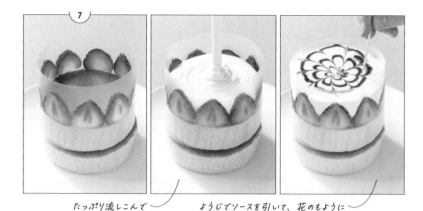

たっぷり流しこんで　　　ようじでソースを引いて、花のもように

1　直径10cmセルクルの内側に薄く油（分量外）をぬり、クッキングシートを入れておく。

2　ボウルに卵、牛乳、ヨーグルトを入れホイッパーでまぜる。さらにホットケーキミックスを加えてまぜる。

3　フライパンを温め、濡れ布巾の上に置き熱を冷ます。**1**を置き、そこに**2**を半分流し入れる。蓋をして弱火で気泡が出て表面が乾いてくるまでじっくりと焼く。

4　**1**からはがし、フライ返しでひっくり返す。クッキングシートからもはがす。30秒ぐらい焼いたらお皿にのせる。焼き終わったら乾燥しないようにラップをかぶせておく。同様にもう1枚焼く。

5　ボウルに生クリームとグラニュー糖を入れハンドミキサーで軽く泡立てる。スプーンですくってトロトロと落ちるぐらいが目安。

6　クリアファイルを6cm幅にカットしてよく洗い、**4**に巻きつけテープでとめる。

7　イチゴをスライスしてクリアファイルの内側にそって並べ、**5**を入れる。ソースはディスペンサーなどに入れ円を描く。楊枝で模様を描いても良い。クリアファイルをゆっくり持ち上げ、クリームをあふれさせてから食べる。

バラだけ 보고 싶은 맛과 함께……

02

マローブルー

⏰ **15**分

色が変わるようすも楽しいハーブティー

#블루멜로우

> ┌ **材 料**（**1杯分**）
>
> マローブルー（ティーバッグ）…1つ／レモン汁…適量／レモン…お好みで

作り方

じんわり色が変わって　　　　　　　　　　まぜると全体がピンクに

1　マローブルーを表示にしたがって水出しをし、氷を入れたグラスに注ぐ。

2　レモン汁を少しずつ加える。

3　マローブルーの色が、青からピンクに変わっていく。色の変わり具合を楽しむ。

바라만 보고 싶은 맛과 함께……

03

チーズキンパ

🕐 **30**分

チーズをのばして、シャッターチャンス!

#치즈김밥

材料（1本分）

キムチ…100g／しょうゆ…小さじ1/2／砂糖…小さじ1/4／ゴマ油…大さじ1／ツナ（油を切った量）…25g／ご飯…1/2合／塩…小さじ1/4／シュレッドチーズ…50g／のり…1枚／ゴマ…小さじ1/4

作り方

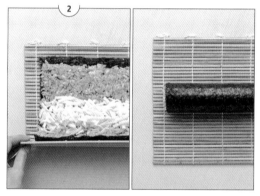

切ってから加熱がポイント！

1　粗みじん切りにしたキムチを、ゴマ油で中火でいためる。砂糖としょうゆを加え、しん
　　なりしたら、ご飯、ツナ、塩、ゴマを加えて、いためる。

2　巻きすの上にのりを置き、のりの上部から1cmの部分をあけて1の半量を薄く敷き、シ
　　ュレッドチーズを中央にのせる。具を指で押さえながら巻いたら、巻き終わりを下にし
　　て置き、巻きすの上から両手でおさえて丸く形をととのえる。

3　食べやすい大きさに切り分けたら、ラップで包み、500Wの電子レンジで3分加熱し、
　　ラップをはずして器に盛りつける。

バラ만 보고 싶은 맛과 함께……

04
マーブルラテ 2 種

🕐 **5**分

ミルクとまざりあうようすをながめて一息ついて

마블링 라떼

材料（各1杯分）

[**抹茶**] 抹茶パウダー…小さじ2／砂糖…小さじ2／お湯…50ml／牛乳…150ml
　[**コーヒー**] インスタントコーヒー…1杯分／砂糖…小さじ2／お湯…50ml／牛乳…150ml

作り方

勢いよく注いで

［抹茶］	［コーヒー］
1 抹茶パウダーと砂糖をまぜる。お湯でよく溶かす。	**1** インスタントコーヒーと砂糖をまぜる。お湯でよく溶かす。
2 氷を入れたグラスに**1**を入れる。	**2** 氷を入れたグラスに**1**を入れる。
3 牛乳を勢いよく注ぐ。	**3** 牛乳を勢いよく注ぐ。まざりあう様子を楽しむ。

チーズがびよーんと伸びている瞬間を
撮るのがポイント！

今日はとってもいい天気だから、
お気に入りのクロスを広げて
外カフェをはじめてみませんか。

맑은 날은
내가 바로
카페 오너

晴れの日のカフェごっこ

맑은 날은 내가 바로 카페 오너

맛있게 먹어♡

맑은 낮은 내가 바로 카페 오너

01

クロプル

🕐 **15**分

クロワッサン生地がカリカリワッフルに

#크로플

材料（1人分）

冷凍クロワッサン生地…2個／バニラアイス…100ml／イチゴ…2粒／ブルーベリー…3粒／ミント…適量／メイプルシロップ…適量／粉糖…適量

作り方

カリカリのワッフルに

アイスをそえて

彩りのフルーツ

---

1 ワッフルメーカーを温め、解凍しておいたクロワッサン生地をセットしてサンドする。

---

2 中火で5分焼き、ひっくり返してさらに5分焼く。

---

3 お皿にうつして、アイスを盛りつけ、粉糖をまぶす。

---

4 フルーツを散らし、ミントをかざる。メイプルシロップを回しかけても。

02

クルムパン

30分

クルムは韓国語で雲のこと。ふわふわ食感でグルテンフリーのパン

#구름빵

材料（1個分）

卵白…3個(90g)／グラニュー糖…30g／片栗粉…15g／食用色素またはアイシングカラー（色粉は少量の湯で溶いておく）

作り方

青と白のメレンゲで空もよう

レインボーに重ねてみても

1　ボウルに卵白と2つまみぐらいのグラニュー糖を入れ、ハンドミキサー（高速）で泡立てる。泡立ってきたら残りのグラニュー糖を2回に分けて入れ、ツヤが出て、角が立つぐらいまで泡立てる。片栗粉を入れさらにハンドミキサーでまぜる。3つに分けたら、それぞれにお湯で溶いた食用色素を入れ、3色のメレンゲをつくる。再び1つのボウルに入れてゴムベラでさっくりまぜてマーブル模様にする。

2　サラダ油（分量外）を少量ぬったクッキングシートを天板に敷き、その上に1をのせ、パレットで丸く形をととのえる。170℃に予熱しておいたオーブンで20分焼く。

맑은 날은 내가 바로 카페 오너

03

キャロットケーキ

🕐 **60**分

マジパンの人参がかわいい、韓国人気スイーツ

#당근케이크

材料（15㎝デコ型1台分）

[**ケーキ**] 卵…2個／きび砂糖…80g／薄力粉…110g／ベーキングパウダー…4g／シナモン…小さじ1/2〜1／すりおろした人参…100g／くるみ…50g／無塩バター…50g／菜種油…50g　[**クリーム**] クリームチーズ…150g／粉糖…25g／牛乳…30ml／レモン汁…2ml　[**トッピングの人参**] マジパン…25g／粉糖…20g／色素（赤・黄・緑）…少量／ホワイトチョコレート…適量

作り方

人参はしずく型をイメージしてととのえて。
葉は棒状にのばしたものを3つくっつけて

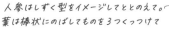

1　クッキングシートをカットしてデコ型に敷いておく。オーブンは170℃に予熱しておく。すりおろした人参は水気をしぼっておく（**A**）。菜種油と無塩バターを一緒に湯煎にかけ溶かしておく（**B**）。薄力粉、ベーキングパウダー、シナモンパウダーは一緒にふるっておく（**C**）。

2　ボウルに卵を入れホイッパーでまぜ、きび砂糖、**C**、**B**、**A**、くるみの順に入れてさらにまぜる。

3　デコ型に流して170℃のオーブンで35分焼く。竹串をさして生地がついてこなければ焼き上がり。焼けたら上からアルミホイルをかぶせてしっとりさせる。

4　柔らかくしたクリームチーズをボウルに入れ、粉糖、牛乳、レモン汁を入れてまぜる。

5　冷ました**3**に**4**をのせてパレットナイフなどで平らにしたら、冷蔵庫で冷やしておく。

6　マジパンと粉糖15gをまぜたら、35gと5gの2つに分ける。35gに赤・黄色の色素を、5gに緑・黄色の色素をまぜる。残した粉糖をまぜて、ベタつかないようにする。それぞれ人参と葉をつくる。人参は形をととのえナイフで模様をつける。クリームに接する部分に湯せんしたホワイトチョコレートをコーティングしてケーキの上にかざりつける。

写真はアイスが溶ける前に！
ぎりぎりまでのせないで！

誕生日には、とびっきりのケーキで
お祝い。ベッドをバルーンでかざって
ライトも照らして。

사랑하는
그대에게
"생일 축하해"

愛するあなたへ　センイルチュッカへ

사랑하는 그대에게 "생일 축하해"

01

사랑하는 그대에게 "생일 축하해"

センイルケーキ

🕐 **60**分

大切な推しの誕生日のお祝いに

#생일케이크

材料（1台分）

15cmデコスポンジ…1台／生クリーム…300ml／グラニュー糖…30g／お好みのフルーツ…150g／食用色素（赤・黄・青・緑）…少量／チョコペン(白・紫)…各1本

作り方

クリームをぷりっとしぼって

チェリーはややかたむけておいて

1　生クリームにグラニュー糖を加え、ホイッパーですくって垂れるぐらいに泡立てる。半分に分けてそれぞれピンクと黄色になるよう食用色素を入れたら、まぜながらしっかり泡立てる。

2　デコスポンジの間にクリームやフルーツをはさみ、きれいにナッペする。

3　湯煎で溶かしたチョコペンで、メッセージを書き、周りにクリームをしぼったり、チェリーをかざったりする。

사랑하는 그대에게 "생일 축하해"

02
キューブラテ

⏱ **5分**

コーヒーの氷が溶けだすラテ

#큐브라떼

材料（1杯分）

アイスコーヒー…150ml／牛乳…100ml／ミント…適量

作り方

濃い目好きは氷を多めに

牛乳を注ぐと氷がとけて……

---

1 アイスコーヒーを製氷皿で冷やして、氷を作る。凍ったら、グラスに入れる。

2 牛乳を注ぐ。

---

3 お好みでミントをそえる。

사랑하는 그대에게 "생일 축하해"

03
いろどりカップケーキ

⏱ **20**分

カラフルなクリームはしぼるだけで映え!

#컵케이크

材料（各3個分）

カップケーキ…3個／無塩バター…50g／クリームチーズ…15g／粉糖…15g ［**ピンク**］イチゴジャム…40g／赤の色素…適量／チェリー…3個 ［**紫**］ブルーベリージャム…40g／ブルーベリー…9粒 ［**青**］ミントシロップ…20g／青の色素…適量／オレオ…3枚／チョコスプレー…適量

作り方

絞りの口をいろいろためしてみて

トッピングにスプレーを散らしても

1　ボウルに柔らかくした無塩バターを入れ、ホイッパーでまぜる。粉糖と柔らかくしたクリームチーズも入れて、さらによくまぜる。ピンクと紫をつくるときは、ジャムを裏ごしして入れ、ピンクと青は、色素も入れる。青はシロップも入れる。それぞれ口金入りのしぼり袋に入れてしぼる。

2　ピンクは星口金とモンブラン口金、紫は丸口10㎜口金、青は星口金でそれぞれしぼる。

3　それぞれ、チェリーやチョコスプレー、ブルーベリー、オレオをトッピングする。

04

사랑하는 그대에게 "생일 축하해"

ミニチュアアイシングクッキー

⏱ **90分**

クッキーでできたドリンクやチキン！　文字クッキーも

#아이싱쿠키

材料（1人分）

[**クッキー生地**] 無塩バター…50g／粉糖…30g／全卵…10g／薄力粉…100g（ふるっておく）　[**アイシング**] 粉糖…50g／卵白…8g／お好みのアイシングカラーまたは食用色素（極少量の湯で溶く）…適量

作り方

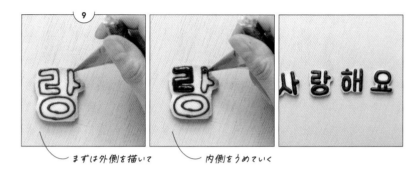

まずは外側を描いて　　　　内側をうめていく

1　ボウルに柔らかくしておいた無塩バターを入れて、ホイッパーでまぜる。粉糖を入れ、白っぽくなるまですり混ぜる。さらに、溶いた全卵を入れてよくまぜたら、ふるった薄力粉を入れ、ゴムベラで切るようにまぜる。

2　生地がまとまったらラップに包んで冷蔵庫で1時間ぐらい冷やし休ませる。

3　クリアファイルにお好みの文字、イラストを写して切りとり、型をつくる。

4　生地を3〜5mm厚にのばして、型にそってナイフで切りとる。

5　クッキングシートを敷いた天板に4をのせ、160℃に予熱したオーブンで10分ぐらい焼く。小さいとすぐに焼けるので焼きすぎに注意。

6　焼けたら網などにうつして冷ます。

7　アイシングをつくる。ボウルに粉糖と卵白を入れスプーンで3分ぐらいすりまぜる。

8　お好みの食用色素で着色し、コルネにアイシングを入れる。

9　クッキーに、アイシングで文字や絵の輪かく書き、内側を均一にぬる。

10　1日乾燥させる。乾燥剤を入れた密閉容器に入れる。発酵機能つきのオーブンがある場合は、35℃で2時間ほどかけると乾燥する。

チェリーは缶詰を使うと色味がかわいい！
クリームの上に均等に。